Bibliografische Information der Deutschen Nationalbibliothek:

Die Deutsche Bibliothek verzeichnet diese Publikation in der Deutschen National-
bibliografie; detaillierte bibliografische Daten sind im Internet über http://dnb.d-
nb.de/ abrufbar.

Impressum:

Copyright © 2017 GRIN Verlag, Open Publishing GmbH
Druck und Bindung: Books on Demand GmbH, Norderstedt Germany
ISBN: 9783668528789

Dieses Buch bei GRIN:

http://www.grin.com/de/e-book/374649/digitalisierung-der-versicherungs-und-
energiewirtschaft-geschichte-und

Sergio Staab

Digitalisierung der Versicherungs- und Energiewirtschaft. Geschichte und Branchenvergleich

GRIN Verlag

GRIN - Your knowledge has value

Der GRIN Verlag publiziert seit 1998 wissenschaftliche Arbeiten von Studenten, Hochschullehrern und anderen Akademikern als eBook und gedrucktes Buch. Die Verlagswebsite www.grin.com ist die ideale Plattform zur Veröffentlichung von Hausarbeiten, Abschlussarbeiten, wissenschaftlichen Aufsätzen, Dissertationen und Fachbüchern.

Besuchen Sie uns im Internet:

http://www.grin.com/

http://www.facebook.com/grincom

http://www.twitter.com/grin_com

Seminar Wirtschaft

Systematische Darstellung branchenspezifischer Reifestadien

der Digitalisierungsstrategie

vorgelegt von   Sergio Staab

Kurzfassung

Durch das extrem wachsende Bedürfnis nach immer effizienteren und schnelleren Wegen des Datenaustauschs ist die Digitalisierung, also der Schritt zu digitalen Prozessen
mittels Informations- und Kommunikationstechnik, wie die Repräsentation und Speicherung von digitalen Medien, zu einem der wichtigsten Bestandteile moderner Firmen
geworden.

Ein weiterer Grund für die Digitalisierung ist nicht zuletzt das schier unvorstellbar große Feld an Informationen, welches das World Wide Web mit 863.105.652 Internetpräsenzen (Stand 2015) bietet.

Gegenstand der hier vorgestellten Arbeit ist eine systematische Darstellung von digitalen Reifestadien einzelner Firmen aus unterschiedlichen Branchen, sowie die Erläute-
rung deren Digitalisierungsstrategien.

Inhaltsverzeichnis

Abbildungsverzeichnis

Einleitung

Die Grundlage dieser wissenschaftlichen Arbeit beruht auf der rasanten Entwicklung der Digitaltechnik und der daraus entstandenen Reifestadien der Digitalisierungsstrategien von Brachen.

Digitalisierung ist im weiten Sinne die Transformierung und Weiterentwicklung einzelner Betriebsprozesse, dazu später mehr. Technisch ist die Digitalisierung als die digitale Darstellung von Informationen zu verstehen. Diese setzt zur Realisierung eine sogenannte digitale Modifikation, also eine Umwandlung analoger Daten in digitale voraus. [1]

Digitale Daten sind im Gegensatz zu analogen nicht nur platzsparender und qualitativ besser, ihre Verarbeitung bringt auch diverse andere Vorteile mit sich. So erlauben digitale Daten die maschinelle und damit schnellere Nutzung, Bearbeitung, Verteilung, Erschließung und Wiedergabe durch Datenverarbeitungssysteme.

Dazu lassen sich Digitale Daten schnell und fehlerlos publizieren, vervielfältigen und durchsuchen. Heutzutage hat die Digitalisierung fast jedes Medium erreicht. Von Texten zu Audiosignalen bis hin zu Objekten – nichts lässt sich nicht digital repräsentieren.

Die Digitalisierung hat viele Unternehmen grundlegend verändert und ganze Branchen geschaffen. Selbst kleine Unternehmen sind heutzutage in der Lage, traditionelle Player ohne eigene Immobilien oder Gerätschaften zu verdrängen.[2]

Nicht zuletzt durch das World Wide Web (WWW), das heutzutage mit 863.105.652 Internetpräsenzen (Stand 2015) einen Pull an Informationen bereitstellt und gleichzeitig einen ganz neuen Wirtschaftsraum bietet.

---

[1] Vgl. Dr. Keuper, F. et al. (2013), S. 5f.
[2] Vgl. Urbach, N. / Ahlemann, F. (2016), S. 11ff.

Diese Arbeit gliedert sich in vier Abschnitte.

Neben den in Kapitel zwei und drei betrachteten Brachen stellt das erste Kapitel einen geschichtlichen Einblick in deren Digitalisierungsgeschichte dar. Es werden Motivation, Aufgabenstellung und Zielsetzung der Arbeit erläutert.

In Kapitel zwei und drei werden die unterschiedlichen Stadien der Digitalisierung in der Versicherungsbranche und Energiewirtschaft herausgearbeitet, sowie deren Nach- und Vorteile für Unternehmen verglichen.

Im darauffolgenden Kapitel „Branchenvergleich" wird aus den in Kapitel zwei und drei resultierenden Fakten ein Resümee aus dem Vergleich der beiden Brachen gezogen.

Hinweis zum Umgang mit neu eingeführten Begriffen:

In dieser Arbeit neu eingeführte Fremdbegriffe werden einmalig in Anführungszeichen gesetzt. Bei nachfolgender Verwendung der Begriffe fallen die Anführungszeichen weg.

1 Geschichte der Digitalisierung

Die Digitalisierung nahm etwa Mitte der 1950er-Jahre mit dem Einzug der ersten Groß-rechner ihren Anfang. Die Kosten für die Inbetriebnahme und Instandhaltung dieser Rechenanlagen waren zu Beginn jedoch verhältnismäßig groß.

Daten mussten von einem spezifischen Lesegerät über sogenannte Lochkarten eingele-sen werden. Der eigentliche Rechner arbeitete dann die Karten ab und speicherte diese auf einem Magnetband. Die Vorteile dieser Maschinen lagen schlicht in der Tatsache, dass sie schneller rechnen konnten als der Mensch. Die Hauptaufgabe des „IT-Managements" (Abteilungen, Personen deren Tätigkeit in der Entwicklung, Wartung und Planung von Informationstechnologien liegt) lag damals in der Inbetriebnahme und Aufrechterhaltung der Rechner. Dies änderte sich erst mit der Einführung der ersten Personal Computer in den 1970er-Jahren. Rückblickend auf die Epoche der Großrech-ner war dies eine Revolution und brachte durch die deutlich kompaktere Hardware ent-scheidende Vorteile mit sich.

Es ist festzuhalten, dass die Leistung der damaligen Maschinen schnell an ihre Grenzen kam und mit der Leistung heutiger Systeme keinesfalls vergleichbar ist.

Durch die darauffolgende Einführung der ersten grafischen Benutzeroberflächen war es selbst dem geübten Leihen möglich, Arbeitsschritte effektiv durchzuführen. Spätestens dort wurde die Wichtigkeit des IT-Managements in Firmen nicht mehr angezweifelt. Um 1995 setzte das Zeitalter der IT-Industrialisierung ein. Die fortlaufende Entwick-lung von Hard- und Software brachte ein immer stärkeres Durchdringen der Informati-onstechnologie in Unternehmen hervor.

Die flächendeckende Etablierung der Vernetzung von Firmen durch Client-Server Ar-chitekturen machte den PC zum zentralen Kommunikationsmedium für jeden Büromit-arbeiter.

Die Aufgabe der IT in Firmen wandelte sich von der Aufrechterhaltung der Systeme zur Steigerung von Effektivität und Effizienz des gesamten Firmenablaufs. Dabei entwi-ckelte sich die Informationstechnologie zu einer unternehmenskritischen Ressource, die jedoch ausschließlich unterstützend am Business mitwirkte. Lange Zeit war es noch umstritten, ob die IT auch eine wettbewerbsdifferenzierende Ressource ist. [3]

---

[3] Vgl. Urbach, N. / Ahlemann, F. (2016), S. 22 ff.

Dies änderte sich

- mit der Übertragung von industriellen Methoden auf die Informationstechnologie. Für die Automatisierung von Prozessen und Produktionen waren neue Entwicklungen und Fähigkeiten notwendig. Das IT-Management rückte aus der unterstützenden Position zum „Maker". Im Zuge dieses Prozesses wurde schnell klar, dass die Methode Plan-Build-Run – das bedeutet, große Projekte firmenintern zu planen und zu implementieren – für das IT-Management einzelner Firmen zu aufwendig war. Es entwickelten sich IT-Organisationen, die als externe Partner für viele Unternehmen fungierten. Dies war ein Aufschwung im Bereich des IT Service Management, in der Priorisierung von IT-Investitionen und Planung von Anwendungsentwicklungen.[4]

- mit der zunehmenden, flächendeckenden Vernetzung, durch das von Timothy Berners-Lee und Robert Calilliau am Kernforschungszentrum in Genf entwickelte Hypertextprojekt namens World Wide Web (WWW). Dieses basiert auf dem Hypertext Transfer Protocol (http) und der grafikfähigen Hypertext Markup Language (HTML) und markierte einen Durchbruch. Wo 1983 im größten Netz 500 Rechner miteinander vernetzt waren, existierten 1995 bereits 50.000 Rechner, von denen HTML-Dokumente abgerufen werden konnten. Im Jahr 1998 waren es über 2.000.000.[5]

Die Geschäftswelt unterliegt seitdem einem drastischen Wandel, die „Digitale Revolution" ist nicht mehr aufzuhalten. Unternehmen ohne eigene Geräte und Immobilien verdrängen etablierte Geschäftsmodelle in enormer Geschwindigkeit. Ein Beispiel ist die Firma Uber. Als größtes Taxiunternehmen der Welt besitzt es dennoch kein einziges Taxi. Das IT-Management ist heute durch die wachsenden Informationstechnologien vom unterstützenden Part zum unverzichtbaren Treiber unternehmerischer Leistungen geworden. Auch die Bedürfnisse und Anforderungen der Kunden haben sich an diese enorme Entwicklung angepasst. Die Kommunikation und Informationsbeschaffung erfolgt zunehmend auf neuen Wegen. Dadurch nehmen die Forderungen bezüglich kundenorientierter Anwendungsstrukturen immer mehr zu, was die Relevanz der Digitalisierung weiter erhöht.

Nachfolgend werden die Einflüsse der Digitalisierung in den Branchen der „Versicherung" und Energiewirtschaft aufgezeigt und deren Digitalisierungsstadien erläutert.[6]

---

[4] Vgl. Urbach, N. / Ahlemann, F. (2016), S. 25 ff.
[5] Vgl. Staab, S. (2016), S. 1 f.
[6] Vgl. Urbach, N. / Ahlemann, F. (2016), S. 13 ff.

2 Digitalisierung in der Versicherungsbranche

Das erste Kapitel behandelt die geschichtlichen Grundlagen, die zum Verständnis der Analyse der einzelnen Stadien in der Versicherungsbranche benötigt werden. Die Versicherung als Geschäftsmodell unterscheidet sich von anderen Branchen durch die Übernahme von Risiken gegen Zahlung festgelegter Prämien. Dabei geben Versicherungsunternehmen ein Leistungsversprechen für den Eintritt des Versicherungsfalls ab. Im Jahr 2016 wurden in Deutschland 431,0 Millionen Euro Versicherungsverträge abgeschlossen. Die Beitragseinnahmen belaufen sich auf 194.200,0 Millionen Euro. Die Versicherungswirtschaft gehört damit zu den umsatzstärksten Branchen. [7]

Es folgt ein Einblick in die Digitalisierungsstadien der Versicherungsbranche.

2.1 Die erste IT-Infrastruktur

In der Versicherungsbranche hielt die Digitalisierung vorwiegend in der Informationswissenschaft Einzug. Ziel war die digitale Modifikation zur Beschaffung, Verarbeitung und Bereitstellung von Informationen. Dazu wurden ganze „Serverlandschaften" angelegt und mit Daten gefüllt. Diese Server unterlagen meist einer anwendungsspezifischen Konfiguration welche nur zu Datenverwaltung im internen Netzwerk „Network attached storage (NAS)" genutzt wurden. Der Aufwand der digitalen Modifikation und Bereitstellung von damals noch größerer und teurerer Hardware war hinsichtlich der anfänglich schwachen Rechenleistung wirtschaftlich nicht vorteilhaft. [8]

2.2 Anpassung der IT-Infrastruktur

Der rasante technologische Fortschritt von Soft- und Hardware verringert die Kosten und den Platzbedarf der Systeme enorm und ermöglicht die Server-Nutzung für verschiedene Anwendungen. Viele Arbeitsschritte können automatisiert werden. Dies steigert die Effektivität und Effizienz der Geschäftsmodelle hinsichtlich der gesamten Wertschöpfungskette. Solche Veränderungen stehen zunehmend im Zusammenhang mit Cost-Cutting-Programmen, was u.a. zu Mitarbeiterfreisetzungen führt Ein finanzieller Vorteil für Unternehmen, der aber den Abgang gut ausgebildeter Mitarbeiter zur Folge hat.

---

[7] Vgl. GDV (2016) http://www.gdv.de/zahlen-fakten/branchendaten/ueberblick/

[8] Vgl. Urbach, N. / Ahlemann, F. (2016), S. 25

2.3 Nutzungsoptimierte IT

Der Verbraucher hat sich längst dem digitalen Zeitalter angepasst. Der reine Verbrauch standardisierter Produkte und Dienste gehört der Vergangenheit an. Ziel der Unternehmen ist es, das Beratungs- und Transaktionsbedürfnis der Kunden zu befriedigen. Dazu müssen Kundenbedürfnisse möglichst schnell als wettbewerbsfähig identifiziert und befriedigt werden können. Die Kommunikationskanäle sollten sich den Kunden anpassen. So legen zum Beispiel ältere Personen Wert auf physische Nähe und regelmäßige, persönliche Ansprache. Städter mit höherem Bildungsgrad hingegen fokussieren sich mehr auf die Faktoren wie Preis, Transparenz und Sicherheit. Internetauftritte, Kundenplattformen und Software für jegliche Devices werden benötigt. Daten müssen live an Ort und Stelle für Agenturen, Mitarbeiter und Berater bereitstehen, damit die Erwartungen der Kunden erfüllt werden können. Auch Wertschöpfungsschritte durch Kunden müssen über diese Kanäle möglich sein. Ein Beispiel ist die automatisierte Meldung von Kfz-Schäden. Die Vereinfachung, Beschleunigung und Flexibilität des Prozesses steht hier aus Kundensicht im Vordergrund. Die Digitalisierung steht hier im direkten Zusammenhang mit der Industrialisierung.[9]

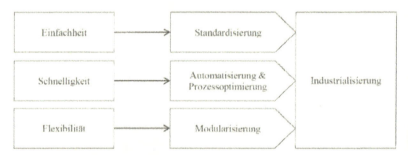

Abbildung 1: Kundenbedürfnisse[10]

Nun mag sich mancher Versicherungsmanager an dieser Stelle zurücklehnen, doch wäre es kurzsichtig, eine Digitalisierungsstrategie ausschließlich mit der Einbindung neuer Technologien oder dem Einsatz sozialer Medien gleichzusetzen. Ein solcher Datenfluss bringt eine Weiterentwicklung und einen Ausbau der IT-Strukturen mit sich. Dies fordert eine engere Zusammenarbeit zwischen dem IT-Management und allen an der Wertschöpfungskette befindlichen Abteilungen. Zweifelsohne steigert diese Digitalisierung noch einmal die Bedeutung der IT für eine Versicherung. Die Anforderung, dem Kunden ein kanalübergreifendes, einheitliches Angebot präsentieren zu können, führt zu einer Rezentralisierung der IT.

---

[9] Vgl. Dr. Altuntas, M. / Uhl, P. (2016) S. 46 ff.
[10] Vgl. Dr. Altuntas, M. / Uhl, P. (2016) S. 27

2.4 IT als Dienstleistung

In der Versicherungsbranche haben Unternehmen zu lange daraufgesetzt durch die komplexen Regulierungen ihrer Branche unter sich zu bleiben. „Aggregatoren", wie Check24 haben sich in den letzten Jahren am Markt etabliert. Die Möglichkeit, auf einer einzigen Seite eine Übersicht über die besten Tarife verschiedener Anbieter zu erhalten, lockt viele Kunden. Beispielsweise findet in der Kfz-Police jeder dritte Wechsel mittlerweile über einen Aggregator statt. [11]

Die IT gibt den Takt vor:

Unternehmen haben keine andere Wahl als mit neuen Plattformen und Technologien Flagge zu zeigen. Die Umsetzung der Digitalisierungsprojekte ändert sich, hohe Flexibilität für Erweiterungen und Andocken neuer Bestandteile ist gefordert. Stringente Abläufe sind angesichts des rasanten technischen Fortschritts nicht mehr zeitgemäß. Projekte müssen mit begrenztem Aufwand in verschiedene Richtungen vorangetrieben werden und bei Desinteresse am Markt auch wieder gestoppt werden. Die Budgeterstellung wird bei so viel Flexibilität zu einer Rechnung mit Unbekannten, daher muss auch die Flexibilität der Terminierung und des Budgets wachsen.[12] Das zukünftige Digitalisierungsprogramm ist ein Schritt des gesamten Unternehmens über alle Sparten und Gesellschaften hinweg. Welches langfristig einen adäquaten Return-on-Investment erwirtschaften und zu einer Verbesserung der Wettbewerbsposition führen muss.

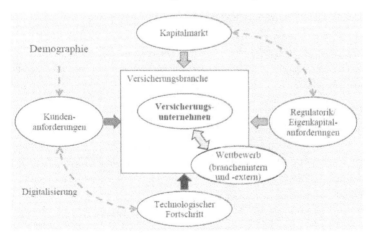

Abbildung 2: Herausforderungen an Versicherungsunternehmen[13]

---

[11] Vgl. Dr. Altuntas, M. / Uhl, P. (2016) S. 199 f.

[12] Vgl. Bain & Company (2013) S. 23

[13] Vgl. Dr. Altuntas, M. / Uhl, P. (2016) S. 46

Kundenanforderungen: Wie in den vorherigen Kapiteln beschrieben, ist der Kunde längst im Digitalen Zeitalter angekommen. Von reinen Internetgroßanbietern wie Amazon ist er eine dauerhafte Verfügbarkeit, hohe Convenience und große Transparenz gewohnt. Dies wird zunehmend auch von Versicherern erwartet.

Technologischer Fortschritt: Die Digitalisierung führt zu kundenzentrierten Organisationen. Vorteile sind u.a. eine Effizienz der Nutzung technischer Systeme, eine Reduktion von Kosten und eine zentrale Verwaltung dezentraler Software. Die Kooperation des IT-Managements mit allen Sparten und Gesellschaften bringt eine neue Digitalisierungsstrategie hervor. Ein Zusammenspiel der Geschäftsführung, dem Marketing und des IT-Managements ist nötig. Die IT und das Marketing sind für die Digitalisierung verantwortlich, müssen sich bei Entscheidungen aber mit den Geschäftsführern abstimmen. Dies erhöht die Komplexität bei Entscheidungen, aber gewährleistet, dass Kundensicht, Potenziale und Grenzen im Blickfeld bleiben.

Wettbewerb: Durch Rückgang der Geburtenrate und zunehmender Alterung der Gesellschaft sinkt die potenzielle Anzahl der Kunden in Deutschland Auf dem gesättigten Versicherungsmarkt können neue Kunden fast nur über Abwerbung gewonnen werden. Die Ähnlichkeit der Produkte, sowie dessen fehlende Patentierbarkeit machen es Konkurrenten einfach, Produktideen zu kopieren und zu vermarkten. Es ist ein stark zunehmender Wettbewerb im Versicherungsvertrieb zu erwarten.

Regulatorik: Der regulatorische Druck auf Unternehmen steigt durch die Zunahme von Richtlinien, Gesetzen, Verordnungen, Mindestanforderungen an das Risikomanagement und Standards. Eine Steigerung der Datenqualität, zunehmende Transparenz und ein entsprechendes Knowhow seitens der Mitarbeiter wird von Versicherungsunternehmen gefordert und erhöht Aufwände und Kosten.

Kapitelmarkt: Die niedrigen Leitzinsen der Europäischen Zentralbank treffen besonders Versicherungsunternehmen, da diese ihre Kapitalanlagen durchschnittlich zu rund vier Fünftel in Rentenpapieren halten. Eine besondere Bedrohung stellt diese Niedrigzinsphase für Lebensversicherungsunternehmen dar, da sie die Erfüllbarkeit ihrer bestehenden Verträge gefährdet. Vorwegzunehmen ist, zunehmende Anlagealternativen sind Infrastrukturen und erneuerbare Energien.[14]

---

[14] Vgl. Dr. Altuntas, M. / Uhl, P. (2016) S. 46 f.

3 Digitalisierung in der Energiewirtschaft

Die Energiewirtschaft ist ein verflochtenes System von voneinander abhängigen Märkten. Dieses Kapitel betrachtet die Branche in Richtung Stromerzeuger.

Die Energiewirtschaft unterliegt vielen Einflüssen. Dazu zählen konjunkturelle Situationen, politische Strömungen, sowie die Preisentwicklung auf Rohstoffmärkten. Die Energiewende und deren grundlegende Umstellung von nuklearen und fossilen Brennstoffen hin zu erneuerbaren Energien stellt die Geschäftsmodelle von Energieversorgungsunternehmen vor neue Herausforderungen und eröffnet gleichzeitig neue Geschäftsfelder. Energieversorger, die sich dem Digitalen Wandel nicht stellen, drohen den Anschluss zu verpassen, u.a. da der Digitale Wandel neue Chancen bietet.

Es folgt ein Einblick in die Digitalisierungsstadien der Energiewirtschaft.

3.1 Digital statt Analog

Wie in den meisten Industriebranchen hat auch die Energiewirtschaft durch die Digitalisierung einen erheblichen Wandel erfahren. Zunächst durch die Einführung von leistungsfähigen ERP-Systemen. Die bisher physisch abgelegten und nur analog vorhandenen Informationen lassen sich nun digital unabhängig vom jeweiligen Arbeitsplatz aus erreichen. Durch unterschiedliche Devices und dem rasanten Netzausbau können Ressourcen des Unternehmens für alle Mitarbeiter von überall her greifbar gemacht werden.

In der technischen Flächenorganisation hat die Mehrheit der Unternehmen bereits Optimierungsaktivitäten durchgeführt. Unter anderem durch die Einführung von Laptops zur Datenerfassung vor Ort, spezifische Zustandsüberwachung durch Sensortechnik oder Remote Expert Videokommunikation zum besseren Zugang zu Informationen und auch durch die Unterstützung der Mitarbeiter durch Experten im Unternehmen. Die Digitalisierung scheint in der Energiewirtschaft angekommen zu sein. Die IT als solche ist wohl nicht mehr unbekannt. Doch steht die Branche in diesen Tagen vor einem weitreichenden Veränderungsprozess.[15]

---

[15] Vgl. Aichele, C. / Doleski, O. (2014) S. 797 ff.

3.2 Smart Energy

Die fortschreitenden Entwicklungen von technischen Systemen zur Automatisierung und Dezentralisierung bewirken eine Hinfälligkeit traditioneller Geschäftsmodelle. Spätestens seit der Energiewende im Jahre 2011 ist klar, dass sich die Branche der Energiewirtschaft im Wandel befindet. Im Angesicht der dezentralen Erzeugungseinheiten von zehntausenden Windrädern und millionenfach installierten PV-Anlagen, ist die Digitalisierung nicht nur Mittel der Wahl sondern notwendige Voraussetzung zur Beobachtung und Steuerbarkeit aller Systemkomponenten. Die Einspeisung erneuerbarer Energien aus dezentralen Regionen fordert einen neuen digitalen Netzausbau aus sogenannten Smart Grids. Smart Grids (intelligente Stromnetze) bestehen aus Energiemanagementsystemen zur Koordination von Energie Erzeugung, Speicherung und Verbrauch. Neben dem Netz müssen Energiespeicher geschaffen und in das bestehende System integriert werden. In der Steuerung dieser bidirektional fließenden Energieerzeugung bildet die Digitalisierung das Herz der Energiewelt.

Energieversorger müssen sich diesem Digitalen Wandel stellen, die richtigen Schalter legen und sich im digitalen Energiemarkt etablieren.

Neben neuen Anbietern, die auf den Markt kommen, setzt der selbst agierende Kunde mit hohen Ansprüchen an ein modernes Dienstleistungsangebot die Versorger weiter unter Druck. Versorger entdecken den Letztverbraucher als Kunden auf Augenhöhe, dem sie innovative Versorgungsprodukte anbieten können. Parallel schwindet die Bedeutung der traditionellen, reinen Energieverteilung, da viele Kunden in naher Zukunft ihren Eigenverbrauch automatisieren und selbst zum Energieerzeuger werden. Ein erfolgversprechender Weg liegt im Wandel vom Energieverkäufer zum Energiedienstleister. Dadurch schafft man Mehrwert beim Kunden, erhöht so die Kundenbindung und erarbeitet sich die notwendige Differenzierung gegenüber dem Wettbewerber. [16]

---

[16] Vgl. Doleski, O. (2017) S. 103 f.

3.3 Digitale Transformation

Effizientere Erzeugungstechniken, automatisierte Geschäftsprozesse sowie die Einführung von Big-Data-Anwendungen – die Digitalisierung macht vor dem Energiesektor nicht halt. Ein Blick auf die Digitalisierung der Energiebranche 2016 in Deutschland zeigt vielmehr, dass das zu Erwartende nicht erst kommt sondern schon längst Einzug gehalten hat: Wie in dem vorherigen Kapitel beschrieben, sind Energieversorgungen nicht nur dazu angehalten, sich mit neuen Technologien zu befassen. Es ist entscheidend, sich dem Digitalen Wandel zu stellen, um am Marktgeschehen teilzuhaben. Der Energieversorger von Morgen ist nicht mehr ausschließlich Versorger, er ist ein Energiedienstleister, der zunehmend eine digitale Transformation zu einem digitalen Energiedienstleistungsunternehmen durchläuft.

Der Energiemarkt und die IT verschmelzen miteinander, die gesamte Infrastruktur wird digital, das Smart Energy, bestehend aus Smart Grids, Smart Meter bis hin zum Smart-Home, vereint die reale und virtuelle Welt. Das zukünftige digitale Geschäftsmodell der Energiedienstleistungsunternehmen wird sich um neue Technologien herum entwickeln. Sie werden vernetzt, flexibel, digital und dienstleistungsorientiert sein. Alles, was digitalisiert werden kann, unterliegt notwendig dem Wandel. Da aber alle neuen Strategien auf eine intakte Netzinfrastruktur setzten, scheinen „Netzer" eine Schlüsselrolle zu spielen und somit Hauptprofiteure der Digitalisierung zu werden.

Wie Abbildung 3 zeigt, ist die Vernetzung aller Systeme, die Automatisierung aller Komponenten, die verschiedenen bidirektionalen Kommunikationskanäle und die damit einhergehenden Digitalen Daten der Schlüssel aller Digitalen Innovationen.[17]

---

[17] Vgl. Doleski, O. (2017) S. 29 f.

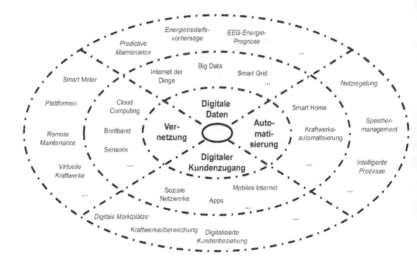

Abbildung 3: Digitalradar[18]

Angesichts der Masse an neuen Technologien werden neue Wettbewerber auf dem Markt erscheinen, die mit deutlich schnelleren Innovationszyklen aufwarten als die Energiebranche es bis dato gewohnt ist. Zwar schützen bisher noch über 12.000 Gesetze und Verordnungen vor ungezügeltem Wettbewerb und dem Eindringen branchenfremder Unternehmen, jedoch werden diese im Zuge der Digitalisierung hinfällig. Summarisch betrachtet wird sich der hohe Datenschutzstandard unter Einbeziehung von Gewerbe und Industrie dem Vorschritt anpassen. [19]

---

[18] Vgl. Doleski, O. (2017) S. 58
[19] Vgl. Doleski, O. (2017) S. 103

4 Branchenvergleich

Die Geschäftswelt unterliegt einem drastischen Wandel. Die Digitalisierung ist sowohl in der Versicherungs- als auch in der Energiebranche nicht mehr aufzuhalten. Der Finanzmarkt wandelt sich und Unternehmen sind gefordert, diesem Wandel entgegenzutreten. Etablierte Geschäftsmodelle müssen in enormer Geschwindigkeit entlang der gesamten Wertschöpfungskette dem modernen Markt angepasst werden. Das IT-Management ist heute durch die wachsenden Informationstechnologien vom unterstützenden Part zum unverzichtbaren Treiber unternehmerischer Leistungen geworden.

Viele Unternehmen haben eine Digitalisierungsstrategie entwickelt und entsprechende Personalressourcen aufgebaut, die sich intensiv mit der Umsetzung befassen.

In beiden Branchen steigt der Wettbewerbsdruck. Unternehmen ohne eigene Geräte und Immobilien verdrängen etablierte Geschäftsmodelle, zugleich entwickeln sich in beiden Branchen durch neue Innovationen und Technologien Chancen. Unternehmen haben sich hinsichtlich neuer Kundenanforderungen und neuen Wettbewerbern mit neuen Plattformen und Technologien dem Wandel zu stellen. Es gilt abzuwägen, in welchen Bereichen eine Investition sinnvoll ist und wo Einsparungen gemachten werden können. Kostenstellen müssen flexibel auf Bedürfnisse und Regulatorik reagieren können.

Die Digitalisierungsstrategien der Versicherungsbranchen offerieren durch zunehmend effektivere und effizientere Abläufe, steigende Automatismen und bessere Datenqualität und Transparenz deutliche Kostenvorteile. Das Freigeben von Mitarbeitern und die zentrale Verwaltung dezentraler Software, reduzieren zudem weitere Kosten. Neue Technologien, die dem Kunden von heute gerecht werden, erzeugen neben starker Konkurrenz gute Chancen, sich am zukünftigen digitalen Mark zu etablieren. Regulationen beschleunigen neben dem den Digitalen Wandel, zunehmend die Digitalisierung von Anträgen, Prospekten, Produktinformationsblättern und allgemeinen Versicherungsbedingungen durch die Anfang 2009 in Kraft getretenen aufsichtsrechtlichen Mindestanforderungen an das Risikomanagement. 20 Neben den ähnlichen Vorteilen durch bessere Datenqualität und Transparenz, effektivere und effizientere Abläufe, stehen Unternehmen in der Energiebranche dagegen vor weiteren spezifischeren Herausforderungen. Die Energiewende bewirkt einen Umbruch der gesamten Branche. Alte Erlösmodelle brechen spezifische Technologien, die bisher nicht weitreichend getestet sind aber strake Auswirkungen auf zukünftige Positionen versprechen kommen auf den Markt. [21]

---

[20] Vgl. Dr. Altuntas, M. / Uhl, P. (2016) S. 33
[21] Vgl. Doleski, O. (2017) S. 109

Dabei begünstigt und verlangsamt der Gesetzgeber die Digitalisierung entlang der gesamten Wertschöpfungskette. Die Digitalisierung von Vertrieb und Handel wird durch EU-weite Richtlinien, die die Pflicht zur elektronischen Kommunikation nicht nur fördern, sondern notwendig machen, vorangetrieben. Daneben existieren regulatorische Einflüsse, die Netzbetreibern Obergrenzen für Entgelt und Erlöse setzten, [22] sowie die rechtlichen Rahmen des Netzausbaus durch das Energiewirtschaftsgesetz, Netzausbaubeschleunigungsgesetz, Bundesbedarfsplangesetz und das Energieleitungsausbaugesetz. Der Gesetzgeber beeinflusst somit stark den Netzausbau, der den Weg aller Digitalisierungsvorhaben ebnet. Hochspannungs-Gleichstrom-Übertragungsleitungen sind an strenge Richtlinien gebunden bezüglich Anwohnern und dem Naturschutz. Die Alternative zu Erdkabeln besteht zwar, ist aber preisintensiver und es fehlt an Entwickelung und Erfahrung. [23]

Klar ist, dass die Digitalisierung eine der Megatrends im 21. Jahrhundert ist. Sie hebt die Ortsgebundenheit auf, verändert und erschafft neue Branchen. Wer sich dem Wandel nicht stellt, wird auf lange Sicht dem Wettbewerb nicht standhalten können.

---

[22] Vgl. Doleski, O. (2017) S. 707 f.
[23] Vgl. Bmwi (2017)

Literaturverzeichnis

Aichele, Christian/Doleski, Oliver (2014): *Smart Market- Vom Smart Grid zum intelligenten Energiemarkt* 1. Auflage. Springer Vieweg, Springer Fachmedien Wiesbaden 2014.

Dr.Altuntas, Muhammed/Uhl, Pascal (2016): *Industrielle Exzellenz in der Versicherungswirtschaft. Bestimmung der Industrialisierungsreife in einer zunehmend digitalisierten Welt* 1. Auflage. Springer-Gabler, Springer Fachmedien Wiesbaden 2016.

Bain & Company: *Versicherungen: Die Digitale Herausforderung.* https://www.ihkkassel.de/solva_docs/BainBrief_Versicherungen_Die_digitale_Herausf orderung_FINAL.pdf (02.06.2017).

Doleski, Oliver (2017): *Herausforderung Utility 4.0-Wie sich die Energiewirtschaft im Zeitalter der Digitalisierung verändert* 1. Auflage. Springer Vieweg, Springer Fachmedien Wiesbaden GmbH 2017.

Keuper, Frank/Hamidian, Kiumars, Eric/Kalinowski, Torsten /Kraijo, Christian (2013): *Digitalisierung und Innovation -Planung, Entstehung Entwicklungsperspektiven* 1. Auflage. Springer Fachmedien Wiesbaden 2013.

Staab, Sergio (2016): *Umsetzung eines Dienstes zur Analyse von HTML-Code im Beriech Information Retrieval.*

Univ.-Prof. Dr. Stock, Wolfgang G. (2008): *Wissensrepräsentation – Informationen auswerten und bereitstellen.* 1. Auflage. Oldenbourg Wissenschaftsverlag, München, 2008.

Urbach, Nils/Ahlemann, Frederik (2016): *IT-Management im Zeitalter der Digitalisierung-Auf dem Weg zur IT-Organisation der Zukunft.* 1. Auflage. Springer-Verlag, Berlin Heidelberg 2016.

Gesamtverband der Deutschen Versicherungswirtschaft: http://www.gdv.de/zahlen-fakten/branchendaten/ueberblick/ (29.05.2017)

Bundesministerium für Wirtschaft und Energie: https://www.bmwi.de/Redaktion/DE/Artikel/Energie/stromnetze-und-netzausbau-regulierung-rahmenbedingungen.html (04.06.2017).